NOWA MACIERZ INWESTYCYJNA

ZAKTUALIZOWANY I SKUTECZNY PRZEWODNIK INWESTYCYJNY

WAYNE WALKER

Książka ta została napisana mając jako cel przekazanie jak najbardziej dokładnych i wiarygodnych informacji. Przed podjęciem jakichkolwiek działań opisanych w niniejszej publikacji należy skonsultować się z profesjonalistami.

Oświadczenie to jest uważane za uczciwe i uznawane zarówno przez Amerykańską Radę Adwokacką, jak i przez Komitet Stowarzyszenia Wydawców i jest prawnie wiążące w całych Stanach Zjednoczonych.

Ponadto przekazywanie, powielanie lub kopiowanie którejkolwiek części poniższej pracy, w tym dokładnych informacji, będzie uważane za czyn niezgodny z prawem, niezależnie od tego, czy odbywa się to w formie elektronicznej, czy drukowanej. Zgodność z prawem obejmuje tworzenie drugorzędnej lub trzeciorzędnej kopii dzieła lub utrwalonej kopii i jest dozwolone tylko za wyraźną, pisemną zgodą Wydawcy. Wszelkie dodatkowe prawa są zastrzeżone.

Informacje na następnych stronach są zasadniczo uważane za zgodne z prawdą i dokładne przedstawienie faktów i jako takie wszelkie nieuwagi, wykorzystanie lub niewłaściwe wykorzystanie informacji, o których mowa, spowoduje, że wszelkie wynikające z tego działania będą leżały wyłącznie w zakresie kompetencji czytelnika. Nie ma scenariuszy, w których wydawca lub pierwotny autor tej publikacji może być w jakikolwiek sposób uznany za odpowiedzialnego za jakiekolwiek trudne doświadczenia lub szkody, które mogą spotkać czytelników po zapoznaniu się z informacjami przedstawionymi w niniejszej publikacji.

SPIS TREŚCI

Zrzeczenie się odpowiedzialności

Rady i strategie zawarte w tej książce są oparte na moich osobistych doświadczeniach oraz wyborach inwestycyjnych i mogą nie być odpowiednie dla Twojej sytuacji.

WPROWADZENIE

W tej książce przyjrzymy się inwestowaniu w możliwie najbardziej wszechstronny sposób. Celem będzie tutaj systematyczne tworzenie planu inwestycyjnego wykraczającego poza tradycyjne strategie inwestycyjne. Nie będziemy się wyzbywać jednak 'klasyków', będziemy je po prostu oglądać pod różnymi kątami. Owa zaktualizowana macierz inwestycyjna, o której mówię, zapewni czytelnikom nowy sposób patrzenia na inwestowanie. Jak często powtarzam w swoich książkach, celem jest wolność i istnieje bardzo wiele sposobów, aby ją osiągnąć, w tym poprzez użycie nowych klas aktywów. Na kolejnych stronach Ty jako czytelnik również zostaniesz uznany za aktywo. Każdy się orientuje czym są akcje czy obligacje i o nich też sobie opowiemy, ale przyjrzymy się również najważniejszej klasie aktywów czyli Tobie.

NAJWAŻNIEJSZA KLASA AKTYWÓW
TY

Ty

Tak, Ty! Zaczynamy od najważniejszej klasy aktywów. Bez obaw, oczywiście przejdziemy do "prawdziwych elementów" aktywów rynku kapitałowego, ale w macierzy inwestycyjnej na rok 2021 i w kolejnych latach ignorowanie siebie jako klasy aktywów jest moim zdaniem błędem. Jeśli Ty jako aktywo się nie rozwijasz lub nie jesteś chroniony, to zagrożone stają się inne tradycyjne aktywa. Dla tych, którzy przeczytali moje inne książki, wiecie, że lubię przejść do sedna bez wypełniania setek stron i tym razem też Cię nie zawiodę.

Sen

Potrzebujesz tego. Zapomnij o fałszywych nonsensach macho mówiących o pracy miesiąc po miesiącu na trzy-czterogodzinnym śnie podczas dwudziestoczterogodzinnego cyklu. Zauważ, że wspomniałem o cyklu, a nie każdej nocy. Jest tak, ponieważ zdaję sobie sprawę, że wszyscy jesteśmy różni i funkcjonujemy w różnych systemach. Jestem nocnym markiem, a w moim świecie praca do drugiej lub trzeciej nad ranem jest normą dla moich kolegów i dla mnie. Jednak w przypadku innych osób jest zupełnie inaczej. Mój bliski przyjaciel jest na nogach codziennie o 7 rano lub nawet wcześniej. Całe szczęście, że nie mieszkamy w tym samym domu. Wszyscy możemy się zgodzić, że podczas dwudziestoczterogodzinnego cyklu ważne jest, aby mieć wystarczającą ilość snu, najlepiej od siedmiu do dziewięciu godzin. Ponieważ nie jesteśmy robotami, możesz na przykład spać siedem godzin jednorazowo, a później uciąć sobie godzinę drzemki, jeśli Twoja praca lub biznes na to pozwala. Zapewnienie sobie wystarczającej ilości snu to świetny sposób na ochronę aktywa numer jeden, czyli Ciebie. Bycie bardziej czujnym i skoncentrowanym pozwala lepiej analizować inne klasy aktywów i prawdopodobnie sprawia, że jesteś bardziej przyjazną osobą.

Przerywany Post

Przerywany post to jedna z najlepszych rzeczy, jakie zrobiłem dla mojego życia osobistego. Post ten opiera się o okna czasowe, w których jesz i w których nie jesz. Na przykład nie jesz między 21:00 a 13:00 następnego dnia, natomiast jesz w pozostałych godzinach. Wersja ta nosi nazwę 16/8 w świecie postów, ale są też inne metody. Pamiętaj, że to nie jest dieta, więc nie jesteś na diecie. Jest to połączenie stylu życia z nawykami żywieniowymi. Ponieważ nie jest to dieta, możesz jeść to, co chcesz. Idealnie będzie jeść zdrowo, ale to zależy od Ciebie. Z biegiem czasu to, czego większość ludzi doświadcza po rozpoczęciu przerywanego postu to zauważalny spadek tkanki tłuszczowej i wzrost energii. Moje wyniki się poprawiły. Poza tym moje życie stało się łatwiejsze, ponieważ zajmuję się tylko przygotowywaniem dwóch posiłków dziennie zamiast tradycyjnych trzech lub czterech potraw. Nie jestem dietetykiem ani lekarzem, więc to nie jest porada medyczna. Jednakże badania i wyniki osób z całego świata, które praktykują post przerywany można łatwo sprawdzić za pomocą prostego wyszukiwania w Internecie.

Języki obce

Nauka języka obcego to jeden z najlepszych prezentów, jakie możesz sobie podarować. Zawsze lubię dobrą debatę, ale to jest jeden z tych tematów, na który możemy pominąć debatę, ponieważ korzyści są tak przytłaczające. Języki mogą zwiększyć Twoją wartość osobistą, zawodową lub biznesową. Wskazówka ta jest bardziej dla osób w krajach, które są znane z tego, że są odporne na naukę innych języków. W Europie, gdzie mieszkam przez większość roku, a zwłaszcza w Skandynawii, posługuje się biegle dwoma lub trzema językami. Mówię obecnie w trzech językach (po angielsku, hiszpańsku i duńsku), a ponadto jednym dialektem.

Osobiście mogę wyraźnie wskazać kilka biznesowych, osobistych i romantycznych okazji, które pojawiły się dzięki moim znajomościom języków obcych. To naprawdę umiejętność, która zwiększa Twoją wartość jako aktywa.

Kontynuacja nauki

Kwestie Ciebie jako aktywa zamykamy jednym z moich ulubionych hobby, którym jest ciągła nauka. Uważam, że większość dorosłych zdaje sobie sprawę, że nauka nigdy się nie kończy. To, czego uczymy się w szkołach, na uniwersytetach itd., jest tylko bazą lub platformą, z której korzystamy do dalszego rozwoju. Pamiętam, jak na moich własnych studiach rodzice zawsze przypominali mi, że ten moment to nie koniec, ale dopiero początek. Jak zwykle mieli rację.

Ta ciągła nauka może przybrać formę nowego certyfikatu, takiego jak licencja agenta nieruchomości, lub po prostu prywatne życzenie, na przykład wzięcie lekcji latania. Ja sobie kupuję coaching w obszarach, w których chcę się dalej rozwijać. Oczywiście to, czego się nauczysz, zależy od Ciebie, ale głównie chodzi o to, aby żyć tu i teraz. Mój ojciec, zanim zmarł mając ponad osiemdziesiąt lat, zawsze brał jakieś dodatkowe zajęcia, aby się czegoś nowego nauczyć. Nie mam na to dowodów naukowych, ale zauważyłem, że w porównaniu z niektórymi jego rówieśnikami, problemy psychiczne, które często towarzyszą osobom starszym, takie jak utrata pamięci, z pewnością nie miały na niego wpływu.

PRZEGLĄD INWESTYCJI

Jasno określ cele

Teraz, gdy omówiliśmy już Ciebie jako najważniejsze aktywo, pora przejść do świata klas aktywów, którymi można handlować. Chociaż Ty jako klasa aktywów jesteś najcenniejszy, większość ludzi, o ile nie są zawodowymi traderami, nie ma bzika na punkcie handlu.

Omówimy szereg tematów, ale przed rozpoczęciem naszej podróży musimy mieć jasny cel. To jest Twoja chwila, aby określić, jaki jest Twój cel. Wszyscy chcemy zarabiać pieniądze, ale na czym się skupiasz lub jaki masz cel? Czy jest to zachowanie wartości kapitału, dochód czy aprecjacja kapitału? W zależności od Twojego wyboru, na różne klasy aktywów i strategie zostanie położony większy nacisk. Nie powinno też dziwić, że Twoje cele zależą od Twojej pozycji życiowej i osobistych okoliczności. Dwudziestopięcioletni świeżo upieczony absolwent i sześćdziesięciodwuletnia wdowa prawdopodobnie mieliby drastycznie inne potrzeby.

Sprawdź swoją tolerancję na ryzyko

Niezależnie od tego czy handlujesz, czy inwestujesz, Twoja tolerancja na ryzyko musi zostać ustalona przed dokonaniem jakiejkolwiek inwestycji. Czy spadek wartości Twoich inwestycji spowodowałby, że będziesz źle spać? Przed podjęciem decyzji, które inwestycje są dla Ciebie odpowiednie, musisz wiedzieć, jakie ryzyko jesteś w stanie znieść. Poziom tego ryzyka, jak wspomniano wcześniej, zależy w dużej mierze od tego, gdzie jesteś w życiu: świeżo upieczony absolwent, zawodowiec w połowie kariery, wdowa i tak dalej.

Wolisz wspinaczkę skałkową od czytania ładnej powieści na swoim podwórku? Inwestorzy często stwierdzają, że ich styl życia i tolerancja ryzyka inwestycyjnego nie pasują do siebie. Możesz mieć wdowę, która uwielbia skoki spadochronowe, ale jej celem, jeśli chodzi o inwestycje, jest zachowanie kapitału.

Wybór inwestycji

Przed wyborem inwestycji, które staną się częścią Twojego portfela inwestycyjnego, musisz pokierować się koncepcjami alokacji i dywersyfikacji aktywów. W alokacji aktywów równoważysz ryzyko/zysk poprzez dywersyfikację pomiędzy różnymi klasami aktywów. Dywersyfikując, unikasz narażania swojego portfela na niepotrzebne ryzyko. Powrócimy do tych tematów i zgłębimy je w miarę postępu z tą książką.

Emocje

Kontrolowanie emocji to jedno z najtrudniejszych zadań dla wielu inwestorów, tak trudne, że na ten temat napisano wiele książek. Nawet profesjonaliści czasami się z tym borykają. Nie jest niczym niezwykłym, że niektóre banki i domy inwestycyjne zatrudniają pracowników zdrowia psychicznego dla swoich traderów i zarządzających funduszami.

O ile to możliwe, musisz unikać strachu lub chciwości, które powiększają Twoje straty lub ograniczają Twoje zyski. Każdy inwestor powinien oczekiwać i czuć się komfortowo z pewną ilością krótkoterminowych wahań w swoim portfelu bez wpadania w panikę.

Chciwość może skłonić inwestora do zbyt długiego trzymania aktywów w nadziei na wzrost wartości, nawet jeśli cena nadal spada przez dłuższy czas. Z drugiej strony strach może sprawić, że inwestor przedwcześnie sprzeda inwestycję lub nie sprzeda inwestycji wyraźnie przegranej. Oczywiście, jeśli Twój portfel nie daje Ci spać, najlepiej porozmawiać z doradcą inwestycyjnym.

Oceń i dostosuj

Ostatnim krokiem w Twojej podróży inwestycyjnej jest przegląd swojego portfela. Po ustaleniu strategii alokacji może się okazać, że wagi aktywów zmieniły się w ciągu kwartału lub roku.

Wybór doradcy inwestycyjnego

Wybór odpowiedniego doradcy zależy w dużej mierze od ilości czasu, jaki chcesz poświęcić na swoje inwestycje. Niektórzy postrzegają inwestowanie jako hobby i chcą być w nie głęboko zaangażowani, dla innych jest to przykry obowiązek, którego starają się unikać. Twój wybór doradcy zależy od tego, jak siebie oceniasz. Wiele instytucji oferuje różne poziomy uwagi. Często zależy to od wartości Twojego portfela. Niektórzy wybierają kogoś niezależnego od instytucji, w której inwestują, ale zawsze jest to osobista decyzja.

INWESTOWANIE W AKCJE WEDŁUG WARTOŚCI

Akcje

A kcje są udziałami lub papierami wartościowymi. Zazwyczaj są one dla wielu osób najczęstszym sposobem wejścia w świat inwestowania. Nawet jeśli ludzie nie kupują na własną rękę poszczególnych akcji, często mają na nie ekspozycję poprzez swoje fundusze emerytalne.

Z każdą akcją wiąże się ryzyko, ale czerpiesz korzyści z potencjalnego wzrostu wartości kapitału i dochodu w postaci dywidend w zależności od akcji. Ponieważ są to spółki publiczne, łatwo można znaleźć informacje na ich temat w celu dokonania analizy.

Inwestowanie Według Wartości

Ważną zasadą inwestowania według wartości jest znajdowanie spółek notowanych poniżej ich rzeczywistej lub przyrodzonej wartości. Dwóch profesorów z Uniwersytetu Columbia po raz pierwszy przedstawiło strategię w latach 30 XX wieku i od tego czasu wiele innych osób zastosowało ich interpretację tej strategii.

Inwestorzy poszukują akcji o solidnych podstawach: przepływy pieniężne, zyski, dywidendy i tak dalej. Firmy powinny być niewłaściwie wyceniane przez rynek i mieć duży potencjał wzrostu wartości. Mówiąc prościej, akcje te są sprzedawane po okazyjnej cenie, a ich wartość wzrośnie, gdy rynek skoryguje ten błąd wyceny.

Nie śmieci, lecz prawdziwa wartość

Niektórzy nowi praktycy inwestowania według wartości błędnie interpretują tę strategię jako po prostu kupowanie akcji, których cena spada, ponieważ teoretycznie są one teraz niedrogie. Przykładem może być to, że akcje AB były notowane po $100 za sztukę i nagle spadły do $78. Ten spadek nie kwalifikuje automatycznie akcji AB jako kandydata do inwestowania według wartości. Jedyne, co wiemy w tym momencie, to to, że akcje tej firmy są teraz sprzedawane i kupowane po niższej cenie. W rzeczywistości spadek cen akcji AB może być odzwierciedleniem prawdziwych problemów w firmie.

Prawdziwi inwestorzy według wartości przeprowadzą dogłębną analizę, aby odkryć firmy, które są tanie, biorąc pod uwagę podstawy firmy. Dlatego też, jeśli akcje spadają ze $100 do $78, aby pojawić się na radarze inwestowania według wartości, firma musi mieć podstawową lub rzeczywistą wartość większą niż $78. Zwracamy uwagę na rzeczywistą cenę akcji w stosunku do wartości wewnętrznej. Nie należy tego mylić z porównywaniem aktualnej ceny do historycznych cen akcji.

Wzór:

Wartość Wewnętrzna = Bieżące Dochody x (8.5 + 2 x Oczekiwana Roczna Stopa Wzrostu)

Wzrostu należy się spodziewać w ciągu najbliższych siedmiu do dziesięciu lat.

Praktyczne zastosowanie inwestowania według wartości

Świetny przykład zastosowanych koncepcji inwestowania według wartości można zobaczyć w przypadku Warrena Buffeta i tego, co zrobił z Berkshire Hathaway. Zastosowanie przez niego tej strategii przyniosło tysiące procent zwrotu. Berkshire zazwyczaj pokonuje wyniki S&P 500 z zauważalną przewagą.

Inne podejście

Inwestujący według wartości postrzegają akcje jako sposób w jaki dana osoba staje się częścią lub pełnym właścicielem firmy. Kupują lub inwestują w firmę, a nie tylko akcje. Oczekują czerpania zysków z posiadania wysokiej jakości firmy, która przynosi długoterminowe zyski. Stanowi to znaczny kontrast w stosunku do przeciętnego inwestora, który często bardziej koncentruje się na krótkoterminowych ruchach cenowych.

Inwestor według wartości skupia się na wartości akcji bazowej, a nie na krótkoterminowych dziennych wahaniach rynkowych. Ruchy krótkoterminowe zgodnie ze strategią inwestowania według wartości mają w długim okresie niewielkie znaczenie.

Gdzie można znaleźć akcje do inwestycji według wartości?

Akcje takie można znaleźć na prawie każdym dostępnym rynku, na przykład na NYSE, DAX i wielu innych na całym świecie. Można je również znaleźć w różnych branżach, w tym w technologii i finansach, oraz wielu innych.

Wielu inwestorów poszukujących kandydatów do inwestowania w wartość zaczyna w branżach, które doświadczyły ostatnio negatywnych reakcji rynkowych. Może to być reakcja na wiadomości lub po prostu krótkotrwałe zmiany gustów. Na przykład energetyka, która ma cykliczny charakter, oferuje możliwości w okresach niedoszacowania. Spadek danej firmy na nowe dołki może być sygnałem do dodania jej do swojego portfela, ale pamiętaj, że niska cena lub taniość musi być relatywna do wartości wewnętrznej.

Nie wszyscy się zgadzają

Nie ma powszechnej zgody co do zalet inwestowania w wartość. Istnieje niezgoda wśród zwolenników teorii efektywnego rynku. Uważają, że cena akcji odzwierciedla wszystkie istotne informacje. Nie powinno dziwić, że inwestujący w wartość nie zgadzają się z taką oceną rynku. Uważają, jak już wiesz, że na rynku istnieją nieefektywności, które tylko czekają na odkrycie. Inwestowanie w wartość nie jest błyskotliwym, przyciągającym uwagę sposobem oceny akcji, ale historia pokazuje, że ciężko polemizować z wynikami, jakie daje ta strategia, gdy jest prawidłowo stosowana.

OBLIGACJE

Jak zacząć

Wiele osób słyszało słowo obligacje, ale nie wszyscy wiedzą, co ono oznacza, więc pozwolę sobie na krótkie przypomnienie. Obligacja to nic innego jak pożyczka. Tak jak Ty i ja potrzebujemy pieniędzy, tak samo potrzebują ich rządy i firmy. Wyzwanie, przed którym stoją zarówno rządy, jak i firmy, polega na tym, że ilość funduszy, których potrzebują, jest większa niż to, co większość banków jest skłonna im pożyczyć. Dlatego rządy i nie tylko uciekają się do emisji obligacji potencjalnym inwestorom.

Organizacja sprzedająca obligacje nazywana jest emitentem, a inwestorem jest pożyczający pieniądze. Inwestor oczywiście oczekuje czegoś w zamian za pożyczenie swoich pieniędzy i jest wynagradzany przez emitenta w formie wypłaty odsetek.

Obligacje są klasyfikowane jako papiery wartościowe o stałym dochodzie w tym sensie, że wiesz dokładnie, ile otrzymasz z powrotem, jeśli przetrzymasz je do terminu zapadalności (daty, w której emitent musi zwrócić pożyczoną kwotę).

Obligacje i akcje: Praktyczne różnice

Akcje pozwalają zostać współwłaścicielem firmy, natomiast inwestując w obligacje, stajesz się wierzycielem, ponieważ obligacje są długiem. Bycie wierzycielem ma kilka ważnych zalet. Jednym z nich jest to, że w przypadku upadłości posiadacze obligacji są opłacani przed akcjonariuszami. Obligatariusze nie dzielą się zyskami.

Dlaczego obligacje?

Inwestorzy często zwracają uwagę na obligacje, ponieważ są one generalnie mniej ryzykowne niż akcje, ale zwykle oferują niższe zwroty w długim terminie. Kluczowym słowem jest tutaj zwykle, ponieważ obligacje mogą być zarówno ryzykowne i przynosić wyższy zwrot w zależności od klasy obligacji.

Obligacje są odpowiednie, gdy nie masz apetytu na zmienność rynku akcji. Istnieje kilka sytuacji, w których preferowaną klasą aktywów są obligacje. Pierwszym z nich jest emerytura, gdzie osoby zwykle utrzymują się z jakiejś formy stałego dochodu. Większość emerytów nie ma możliwości utraty swoich głównych lub bazowych inwestycji. Opierają się na tej podstawie, aby płacić swoje codzienne rachunki. Dlatego dla nich obligacje są lepszą opcją.

Innym scenariuszem, w którym preferowane są obligacje, jest każdy z krótkim horyzontem czasowym. Typowym przykładem są młodzi rodzice, którzy chcą kupić dom w ciągu roku. Możemy się zgodzić, że akcje dają szansę na większy wzrost, ale nowi rodzice nie mogą ryzykować utraty pieniędzy w najbliższej przyszłości. Stały dochód jest zatem preferowanym pojazdem inwestycyjnym w ich sytuacji.

Rodzaje obligacji

Zaczynamy od tych wydanych przez rząd. Tego typu obligacje są ogólnie uważane za bezpieczne, ale istnieją poziomy bezpieczeństwa. Obligacje emitowane przez rząd USA – na przykład obligacje skarbowe – są bezpieczne według standardów rynkowych. Papiery wartościowe emitowane przez kraje rozwijające się są często klasyfikowane jako mniej bezpieczne ze względu na wyższe ryzyko niewykonania zobowiązania. Z mojego doświadczenia wynika, że długi emitowane przez kraje rozwijające się muszą być oceniane indywidualnie, ponieważ niektóre są oceniane nieprawidłowo.

Korporacje mogą również emitować obligacje, podobnie jak akcje. Jeśli chodzi o ramy czasowe, ich zakres może być od krótkich do długoterminowych. Rynek zakłada, że korporacje mają wyższe ryzyko niewypłacalności niż rząd i jako takie oczekują wyższych zysków. Im wyższa jakość kredytowa firmy, tym niższe oprocentowanie, które zaoferuje do zapłaty. Dlatego dla firmy ważne jest uzyskanie i utrzymanie dobrej oceny. Istnieje klasa przedsiębiorstw znanych jako obligacje śmieciowe, które niosą ze sobą wysokie ryzyko i wysoką rentowność.

Stopnie inwestycyjne

Stopnie Inwestycyjne Obligacji o Niskim Ryzyku: AAA, AA, A, BBB
Stopnie Inwestycyjne Obligacji o Dużym Ryzyku: BB, CCC, CC, D

INWESTOWANIE W KRYPTOWALUTY

Kryptowaluty jako klasa aktywów nie są częścią tradycyjnej mieszanki inwestycyjnej, ale powinny nią być. Kwalifikują się, ponieważ jako klasa aktywów nie korelują z innymi aktywami, na przykład akcjami lub towarami. Mogą również służyć jako zabezpieczenie dla Twoich innych inwestycji.

Zaczniemy od przyjrzenia się Bitcoinowi, a potem przejdziemy do kilku innych. To nie jest opinia ani to, co osobiście o nich myślę. Wystarczy odpowiedzieć na pytanie "czy dodadzą one wartości do zdywersyfikowanego portfela?" Odpowiedź brzmi: tak. Zwroty rynkowe z Bitcoina w porównaniu z akcjami są zadziwiająco na korzyść Bitcoina. Dla tych, którzy nadal uważają, że jest to moda lub po prostu odejdzie, dotychczasowe fakty za tym nie przemawiają. Oto kilka przykładów.

Wiele "śmierci" Bitcoina

Bitcoin "umarł" już ponad 150 razy. Poniżej znajduje się tylko kilka z szalenie niedokładnych prognoz dotyczących upadku Bitcoina.

- 11 sierpnia 2013 "Dlaczego Bitcoin Jest Skazany Na Porażkę" – Moneygeek | $93.43
- 16 listopada 2013 "Bitcoin to Żart" – Business Insider | $433.57
- 4 maja 2017 "Początek Końca Bitcoina" – Daily Reckoning | $1541.90
- 12 lipca 2017 "Akceptacja Bitcoina jest praktycznie zerowa i maleje" – Yahoo Finance | $2,410.55

Co mówi rzeczywistość

Źródło: Python Signals

Co to jest?

Bitcoin to zdecentralizowana waluta cyfrowa (zasób cyfrowy). Nie jest to zasób materialny, ale cyfrowy. Dla nielicznych, którzy wciąż mogą mieć wątpliwości, nie są to prawdziwe monety, których można dotknąć. Żaden rząd ich nie posiada. Możesz szybko przelać pieniądze bez pośrednictwa rządów i banków za niewielką opłatą. W swojej podstawowej formie jest to bardzo bezpieczna księga publiczna (rodzaj arkusza kalkulacyjnego). Przed pieniędzmi były księgi rachunkowe. W ten sposób prymitywne społeczeństwa śledziły, kto co miał i co zrobił. Kryptowaluty, jak wielu twierdzi, to naturalna ewolucja w historii pieniądza, od wymiany barterowej przez monety, przez papierowe pieniądze po pieniądze cyfrowe.

Bezpieczeństwo?

Co się stanie, jeśli ktoś lub jakaś grupa zhakuje księgę? Nawet jeśli 40%-49% zostałoby zhakowane, większość miałaby prawidłowe informacje (księga jest zdecentralizowana). Dopóki większość ksiąg się zgadza, transakcja jest ważna. Gdyby jakiś podmiot próbował przeprowadzić atak 51% (większościowy), powinieneś mieć świadomość, że przeprowadzenie ataku o tej skali wymagałoby środków w wysokości 500 milionów dolarów. Ponadto atak tej wielkości zostałby stosunkowo szybko zauważony przez sieć.

Kryptowaluty (oprócz Bitcoina): Co robią?

Dla ludzi, którzy wciąż są pod wrażeniem niesamowitych ruchów cen w górę, które widzieliśmy w przypadku wielu kryptowalut, pytanie, które najczęściej otrzymuję od studentów i innych, brzmi "co one robią?" Bitcoin oczywiście znajduje się w centrum uwagi, ale w przypadku innych kryptowalut większość ludzi wie niewiele. Rzućmy okiem na bardziej popularne kryptowaluty, a później dodam kilka przemyśleń na temat ruchów na rynku.

Ethereum (ETH) – Programowalne kontrakty

Bitcoin (BTC) – Przenoszenie pieniędzy, rozliczanie transakcji, zasób cyfrowy

Dash (DASH) – Kluczową cechą jest prywatność

Litecoin (LTC) – Podobny do Bitcoina, ale szybszy

Ripple (XRP) – Sieć rozliczeń płatności

Rzeczywistość

Zmienność, którą zaobserwowaliśmy w przypadku kryptowalut, na przykład na Bitcoinie, była w przeszłości bardziej dotkliwa. Kryptowaluty, podobnie jak inne rynki, mogą w rzeczywistości spaść. Wydawało się to wielu osobom bardzo dziwną rzeczą. Kiedy zbliżaliśmy się do Bitcoina, który przeszedł z $10,000 do ponad $19,000 szybciej niż mógł sobie wyobrazić nawet największy fan, zapomniano o jego wadach. Redukcja początkowego szumu pomogła dojrzeć rynkowi do tego stopnia, że jest on teraz legalną klasą aktywów. Gdybym to napisał dziesięć lat temu, wywołałoby to tylko śmiech.

Płynność

Niedawny raport wykazał, że 50% aktywności handlowej pochodzi z zaledwie pięciu kryptowalut: Ethereum, Bitcoin, Litecoin, Ripple i

Bitcoin Cash. Powinno to być ostrzeżeniem dla tych inwestorów, którzy chcą zachować płynność. Wiele kryptowalut ma mniej niż $10,000 wolumenu handlowego i należy takich aktywów unikać w każdym portfelu.

Co tak naprawdę powinieneś mieć w swoim portfelu kryptowalut?

Wybierz kilka i dobrze je poznaj. Jak możesz sobie wyobrazić, żaden inwestor zwykle nie ma ekspozycji na pięćdziesiąt różnych kryptowalut na raz. Większość ludzi zaczyna inwestować w kryptowaluty inwestując w najbardziej znane, na przykład Bitcoin i Ethereum. Po pewnym czasie możesz zacząć rozszerzać swój portfel, gdy lepiej zrozumiesz, jak się zachowują.

Szczerze mówiąc, cały szum wokół kryptowalut potrzebował wakacji dla długoterminowego dobra kryptowalut. Wierzę, że w końcu dochodzimy do tego momentu. Doskonale zdaję sobie sprawę, że konta od wielu osób doświadczyły nokautujących ciosów. Szczerze mówiąc, niektórzy całkowicie zrezygnowali z kryptowalut. Większość odchodzących inwestorów w kryptowaluty to Ci, którzy odmówili lub zaniedbali szkolenia lub wykwalifikowanej porady przed wejściem na ten rynek. Często podkreślałem w innych moich książkach znaczenie dywersyfikacji. Jest to ważna koncepcja we wszystkich klasach aktywów, ale w przypadku kryptowalut zaczyna się od tego, że trzeba jej dokonać. Owa koncepcja dywersyfikacji nie jest niczym magicznym ani jakąś głęboką tajemnicą. Już sama znajomość podstawowych zasad inwestowania wraz z analizą techniczną pomogłaby wielu w realizacji swojej strategii, a zwłaszcza w ich sposobie myślenia.

Portfel

To, co rozważyłbym, aby uwzględnić w portfelu na rok 2021 i później, to Bitcoin, Ethereum, Ripple, Tether, Litecoin, EOS i Bitcoin Cash. Zostały one wybrane według mojej zasady, że inwestorzy powinni mieć zróżnicowany portfel kryptowalut i inwestować tylko w te o dobrej płynności (według standardów kryptowalut). Wszystkie wybrane znajdują się w pierwszej piętnastce pod względem kapitalizacji rynkowej.

Zarówno nowi, jak i bardziej doświadczeni entuzjaści kryptowalut powinni być świadomi unikalnych cech poszczególnych kryptowalut. Każdy zasób kryptograficzny ma swoje odrębne cechy pod względem zachowania rynkowego. Widzieliśmy również, że altcoiny mają swoje własne historie ruchów cen. Altcoiny to alternatywne waluty, które powstały w oparciu o pomysł i/lub podstawowy kod Bitcoina.

Nie można już mówić, jak powiedziano w przeszłości, że cokolwiek co Ethereum lub Bitcoin robią na rynku, inne kryptowaluty zareagują podobnymi ruchami cen. Na przykład niedawny spadek Bitcoina nie doprowadził do podobnego spadku dla wielu altcoinów. Wręcz przeciwnie, kilka z nich zyskało na wartości.

NIERUCHOMOŚCI

Nieruchomości to klasa aktywów, które im mniej są skomplikowane, tym lepiej. Mój pogląd na nieruchomość jest taki, że jeśli kupujesz, powinieneś planować mieszkać tam przez co najmniej pięć lat. Tak, są ludzie, którzy chwalą się w telewizji swoimi flipami na nieruchomościach, ale rzeczywistość często nie jest tak efektowna.

Posiadałem mieszkanie i domy w trzech różnych regionach świata (Europa, Karaiby i Stany Zjednoczone). Z tego globalnego doświadczenia wynika, że każda nieruchomość, którą teraz bym kupił, byłaby nieruchomością inwestycyjną, którą mogę wynająć. Posiadanie nieruchomości wiąże się z tak wieloma ukrytymi kosztami, podatkami, naprawami itd., że jeśli nie zamierzasz mieszkać tam przez dłuższy czas, powinieneś zrobić z tego biznes i zainwestować w nieruchomości na wynajem.

Przyjrzyjmy się kilku różnym sposobom wejścia na ten rynek.

Wynajem pokoi

Zdecydowanie najłatwiejszym sposobem wejścia na rynek nieruchomości jest wynajęcie pokoju w obecnym miejscu zamieszkania. Ważną kwestią jest tutaj dokonanie uczciwej samooceny, aby ustalić, czy poradzisz sobie z koniecznością dzielenia przestrzeni z nieznajomym i wszystkimi wyzwaniami, jakie to ze sobą niesie. Niektórzy najpierw wypróbowują model typu AirBnB, aby krótkoterminowo przetestować swoją tolerancję, niemalże bez ryzyka.

REIT-y

REIT (Real Estate Investment Trust) to sposób na inwestowanie w nieruchomości bez posiadania rzeczywistej własności fizycznej. Czasami są porównywane do funduszy inwestycyjnych i wiadomo, że wypłacają dobre dywidendy. Stojące za nimi firmy zazwyczaj posiadają portfel nieruchomości obejmujący hotele, biurowce i apartamenty. Niektóre REIT-y są notowane na giełdzie, inne nie. Proponuję, abyś jako prywatny inwestor trzymał się funduszy giełdowych ze względu na lepszą płynność. Zyski są świetne, ale jeśli nie możesz ich wypłacić z powodu problemów z płynnością, to jest to smutny żart.

Inwestowanie w nieruchomości na wynajem

Wiele osób wchodzi w ten obszar inwestowania początkowo kupując miejsce większe niż to, którego potrzebują, a następnie wynajmując dodatkową przestrzeń. Ten rodzaj transakcji może zwykle dać inwestorowi zysk po odliczeniu wszystkich wydatków. Stąd możesz przejść do innych nieruchomości i powtórzyć cały proces, ale teraz już nie mieszkasz w tej nieruchomości, rezydencja ta jest w 100% wynajmowana. To jest coś, nad czym obecnie pracuję w Europie Południowej.

Ta forma inwestycji jak zwykle wymaga odrobiny pracy domowej. Musisz wiedzieć, jak wygląda rynek najmu i jakie są prognozy dla tego obszaru. Podobnie jak w przypadku innych inwestycji, musisz sprawić, by móc spokojnie przetrwać ewentualne niepowodzenie, nie przesadzając z zaciąganiem kredytu w celu nabycia nieruchomości. Ja kupuję swoje nieruchomości za gotówkę. W ten sposób jestem w stanie sobie zapewnić lepszą cenę u sprzedających.

ALOKACJA AKTYWÓW NA RYNKACH KAPITAŁOWYCH

Nasza podróż dotarła do martwego punktu, które napotyka wielu inwestorów, a jest nim optymalna alokacja aktywów. Nacisk zostanie położony na aktywa rynku kapitałowego, a nie na przykład na nieruchomości. Pytanie, na które należy natychmiast odpowiedzieć, brzmi "co to jest alokacja aktywów?" Jest to strategia, która prowadzi Cię w procesie dzielenia aktywów pomiędzy różne klasy aktywów. Twoim celem jako inwestora jest maksymalizacja zysków przy jednoczesnym utrzymaniu ryzyka na możliwie najniższym poziomie. Proste, lecz nie łatwe.

Stosunek ryzyka do korzyści dla aktywów

Osiągnięcie celu maksymalnego zwrotu przy najniższym możliwym ryzyku wymaga znajomości stosunku ryzyka do korzyści dla różnych klas aktywów.

Rynki Pieniężne: Dłużne papiery wartościowe, bardzo płynne i o terminie zapadalności krótszym niż rok.

Obligacje o Stałym Oprocentowaniu: Wypłacają stałą kwotę odsetek. Niektóre płacą również odsetki w terminie zapadalności. Zwykle mają niższy poziom zmienności w porównaniu z akcjami. Jednak nie są one całkowicie wolne od ryzyka, ponieważ zawsze istnieje ryzyko niewykonania zobowiązania.

Rynki Rozwijające Się (Wschodzące): Akcje z krajów rozwijających się. Generalnie mają one potencjał do wyższych zwrotów. Nic dziwnego, wyższy potencjał zwrotu często wiąże się z wyższym ryzykiem. W tym przypadku na obraz ryzyka wpływa niższa płynność, słaba przejrzystość rynku, kwestie regulacyjne i ryzyko danego kraju.

Akcje Spółek o Małej Kapitalizacji: Spółki o kapitalizacji rynkowej poniżej $2 miliardów. Są one zwykle umieszczane w wyższej kategorii ryzyka niż większe firmy.

Akcje Spółek o Średniej Kapitalizacji: Spółki średniej wielkości o kapitalizacji rynkowej na ogół od 2 miliardów do 10 miliardów dolarów.

Akcje Spółek o Dużej Kapitalizacji: Duże firmy z kapitalizacją rynkową powyżej 10 miliardów dolarów.

Moja ocena od niskiego do wysokiego ryzyka: Rynki pieniężne, obligacje (bez śmieciowych), akcje spółek o dużej kapitalizacji, akcje spółek o średniej kapitalizacji, akcje spółek o małej kapitalizacji i rynki wschodzące.

Co jest odpowiednie dla Ciebie?

Każda klasa aktywów ma różne poziomy zwrotu w zależności od ryzyka, na które narażony jest Twój portfel. Twoja tolerancja na ryzyko, ramy czasowe i cele będą stanowić podstawę składu Twojego portfela. Aby ułatwić proces alokacji aktywów, zarządzający inwestycjami zwykle tworzą dla klientów różne portfele modelowe. Każdy model ma inny procent klas aktywów.

Portfele często wahają się od agresywnych do konserwatywnych. Celem jest posiadanie czegoś dla każdego rodzaju profilu ryzyka inwestora.

Rodzaje portfeli

Bardzo agresywny

To portfel prawie w całości złożony z akcji. Twoim celem jest agresywny wzrost wartości konta w długim okresie. Bycie agresywnym zwykle wiąże się z większym ryzykiem. Wynika to głównie z wielkości zmienności rynku, na którą będziesz narażony. Jeśli zdecydujesz się na ten rodzaj portfela, często można zauważyć, że w krótkim okresie wartość Twojego konta będzie się mocno wahać.

Bycie pozbawionym emocji przy tym portfelu jest ważniejsze niż przy pozostałych. Powinieneś także wiedzieć, że ogólnie Twój stan emocjonalny jest jednym z najbardziej wpływowych czynników w tworzeniu zysków z inwestycji.

Skład: 80%-100% akcji i może minimalne ilości gotówki lub papierów wartościowych o stałym wzroście.

Agresywny

Twoim celem jest długoterminowa aprecjacja kapitału. Portfel składa się głównie z akcji, dlatego należy spodziewać się znacznych wahań wartości konta. Agresywni inwestorzy portfelowi często dodają do swojego portfela pewien stały dochód.

Skład: 70% akcji, 20%-25% papierów wartościowych o stałym wzroście i 5%-10% gotówki.

Zrównoważony

Posiada składniki portfela agresywnego, ale poziom stałego dochodu jest zauważalnie wyższy w porównaniu z poprzednimi przykładami portfela. Jest to próba zapewnienia równowagi między dochodem a wzrostem.

Jeśli masz średni poziom skłonności do podejmowania ryzyka, ta strategia jest odpowiednia. Horyzont czasowy wynosi od trzech do pięciu lat.

Skład: 50% akcji, 35%-40% papierów wartościowych o stałym wzroście i 10%-15% gotówki

Konserwatywny

Twój cel z konserwatywnym portfelem jest bardzo jasny: zachowanie kapitału i ochrona wartości portfela. Należy również pamiętać, że nawet konserwatywna strategia nadal ma pewną ekspozycję na akcje, ale tylko w niewielkich ilościach.

Skład: 70%-75% papierów wartościowych o stałym wzroście, 15%-20% akcji i 5%-15% gotówki

Połączenie wszystkiego razem

Ponieważ nie znam osobistej sytuacji każdego czytelnika, sugestie dotyczące portfelu to tylko sugestie i wytyczne do pracy. Dwa najważniejsze parametry przy tworzeniu portfela to ramy czasowe i otwartość na ryzyko. Na przykład, jeśli znalazłeś się w sytuacji, w której mógłbyś potrzebować dostępu do swoich środków w krótkim czasie, zwykle miałbyś większy procent swoich inwestycji w krótkoterminowe papiery wartościowe o stałym wzroście. Jeśli krótkoterminowa płynność nie jest dla Ciebie problemem, Twój portfel będzie miał większą ekspozycję na akcje i będzie miał niższy stały dochód.

Twoje portfolio będzie wymagało regularnego przeglądu po wdrożeniu strategii. Ma to na celu skorygowanie zmian wartości klas aktywów. Możesz znaleźć się w sytuacji, w której zaczynałeś z konserwatywną strategią, ale ze względu na wzrost wartości Twoich akcji, masz teraz inny profil ryzyka niż pierwotny cel. Aby to naprawić i powrócić do oryginału, równoważysz swój portfel, sprzedając porcje, które wzrosły. Ponieważ mamy do czynienia z inwestycjami, nie trzeba ich codziennie sprawdzać, ale warto to robić kwartalnie.

WŁAŚCIWY FUNDUSZ DLA CIEBIE (POWIERNICZY, INDEKSOWY I ETF)

Aktywnie zarządzane fundusze, które są na rynku, to tak naprawdę bardzo duża mieszanka. Zobaczysz fundusze, które cieszą się popularnością przez rok, a może nawet kilka lat, ale z czasem osiągają gorsze wyniki niż rynek. Wejdź w fundusze indeksowe. Są one tworzone w celu śledzenia lub odzwierciedlania składu indeksu rynkowego. Niektóre przykłady to Dow Jones Industrial Average (DJIA) lub Nasdaq Composite. Ja wolę fundusze zarządzane pasywnie od funduszy zarządzanych aktywnie, gdyż przemawia za nimi wiele rzeczy.

- Większość aktywnie zarządzanych funduszy osiąga gorsze wyniki niż rynek i nie przebija funduszy indeksowych.
- Przeciętny fundusz indeksowy pokonuje średnie fundusze o kilka punktów procentowych.

"Sekretem" funduszy indeksowych jest to, że mają zauważalnie niższy wskaźnik kosztów. Ich koszt prowadzenia działalności jest po prostu niższy. Fundusze indeksowe dokonują mniejszej liczby transakcji i mają mniejsze sztaby, co skutkuje niższymi wydatkami. Jest to możliwe, ponieważ celem zarządzającego jest jedynie skopiowanie indeksu, który fundusz śledzi. W rzeczywistości możesz mieć aktywnie zarządzane fundusze, które początkowo przewyższają fundusz indeksowy, ale po uwzględnieniu wydatków z transakcji i droższych zespołów zarządzających... tracą.

Chociaż wolę fundusze indeksowe od innych rodzajów, ważne jest, aby stwierdzić, że nie są one wolne od ryzyka. Śledzą one indeks, w związku z czym wyniki tego indeksu, dobre lub złe, zostaną odzwierciedlone w wynikach funduszu indeksowego.

Fundusze ETF

Innym możliwym składnikiem zdywersyfikowanego portfela są fundusze typu ETF. Są to papiery wartościowe, które śledzą indeks podobny do funduszy indeksowych, ale handluje się nimi jak akcjami. Łatwym sposobem na ich zrozumienie jest myślenie o funduszach ETF jako o funduszach wzajemnych, którymi można handlować tak, jakbyś handlował akcjami.

Jak działa ETF?

Otrzymujesz dywersyfikację funduszu indeksowego, ale masz dostęp do dźwigni (wykorzystania depozytu zabezpieczającego). Ta funkcja jest zwykle niedostępna w przypadku funduszy powierniczych.

Fundusze ETF oferują również dokładniejszą wycenę w tym sensie, że cena, którą otrzymujesz przy zakupie, zależy od tego, w którym momencie dnia kupujesz. Na przykład, jeśli złożysz zlecenie kupna rano, kiedy fundusz był notowany po cenie niższej niż na zamknięciu, otrzymasz niższą cenę. Jest to w przeciwieństwie do tradycyjnych funduszy inwestycyjnych, które są wyceniane tylko raz dziennie. Oznacza to, że każdy kupujący fundusz powierniczy tego dnia otrzymuje tę samą cenę, nie biorąc pod uwagę czasu dokonania zakupu. Może to nie być wielka sprawa dla małego inwestora, ale gdy kwoty wzrosną, ważna staje się wrażliwość cenowa. Istnieje jednak też ryzyko, że będziesz nieusatysfakcjonowany, gdy zostaniesz zmuszony do zakupu po cenie wyższej niż ta, która była dostępna w momencie złożenia zlecenia.

INWESTYCJE ALTERNATYWNE

Są to inwestycje, które niełatwo pasują do tradycyjnych kategorii inwestycyjnych, takich jak obligacje i akcje. Uwzględniam alternatywy, ponieważ ludzie są nimi coraz bardziej zainteresowani, a ja też w niektóre inwestuję, dlatego mogę pisać z własnego doświadczenia. Alternatywne inwestycje mogą obejmować wszystko, od rzadkich win po złote monety, torebki i wiele innych rzeczy. Szczerze mówiąc, byłem oszołomiony wiedząc, jak wiele osób wydaje znaczne kwoty pieniędzy na torebki głównie w celach inwestycyjnych. Dużo więcej niż początkowo sądziłem!

Moja rada: Kupuj tylko rzeczy, które dobrze znasz i ciesz się ich posiadaniem, ponieważ możesz utknąć z nimi na długo. Dwa główne wyzwania związane z tą klasą inwestycji to płynność i trudność w uzgodnieniu rzeczywistej wartości (w większości przypadków). Przyjrzyjmy się temu nieco głębiej. Akcje są w większości płynne: jeśli chcesz je sprzedać, zwykle możesz to zrobić w ciągu kilku sekund lub minut. Jeśli chcesz określić wartość, możesz sprawdzić ostatnią notowaną cenę rynkową. Wracając do świata wyjątkowych torebek, win i tak dalej, brakuje Ci centralnego rynku, w związku z czym znajdujesz się w środowisku pozagiełdowym, w którym od Ciebie i Twojego partnera (sprzedawcy) zależy ustalenie ceny. Pod względem płynności rynek drogich dzieł sztuki czy zegarków wyraźnie nie jest tak duży, jak np. popularne akcje. Osoby, które rozważają te pozycje, powinny zbadać, jaka jest de facto płynność na tym rynku. Powinieneś także inwestować tylko w coś, co sprawia Ci przyjemność poza samą sprzedażą.

Idąc za moją własną radą kupowania tego, co znasz i lubisz, mogę trochę zaszaleć z zegarkami. Uwielbiam i lubię nosić zegarki na pewnym poziomie, które niektórzy mogą nazwać luksusowymi. Jeśli posiadasz jedną ze znanych marek, takich jak Rolex, zazwyczaj możesz je szybko sprzedać. Był taki moment w życiu, w którym potrzebowałem gotówki niemal natychmiast, a uratowały mnie dwa zegarki z mojej kolekcji. Jeden sprzedałem w mniej niż czterdzieści osiem godzin, drugi trwał trochę dłużej, ale nadal był stosunkowo płynny. Zegarki pozostają moimi ulubionymi inwestycjami alternatywnymi, ponieważ poza płynnością są łatwe w transporcie. Mogę położyć jeden na nadgarstku lub wsunąć do kieszeni, nie zwracając na siebie zbytniej uwagi.

Alternatywne inwestycje powinny być rozważane dopiero po zajęciu się tradycyjnymi aktywami oraz przy założeniu, że została nam jakaś gotówka. Jak wspomniałem we wstępie do książki, naszym celem jest wolność i możemy być bardzo kreatywni w tym, jak się do niej dostać. Alternatywne inwestycje, podobne do kryptowalut, którym przyglądaliśmy się wcześniej, mogą być częścią tego miksu. Jeśli Twój czas i/lub pieniądze są wykorzystywane do nabywania aktywów, które generują więcej pieniędzy, prawdopodobnie zmieszczą się one w naszej macierzy inwestycyjnej. Zawsze możemy dyskutować, które z nich jest najskuteczniejsze, ale jeśli to, w co inwestujesz, generuje więcej pieniędzy, to przynajmniej zmierzasz we właściwym kierunku.

Kupienie sobie najnowszego smartfonu czy jeansów nie jest na mojej liście.

PRZEDSIĘBIORCZOŚĆ

Jest to często pomijana część większości strategii inwestycyjnych. Jak już wspomniałem na początku książki, wyjdziemy "poza tradycyjne strategie inwestycyjne" i to jest nasz kolejny przykład. Zawsze polecam klientom jakiś biznes, nawet jeśli jest to tylko hobby. W tej sekcji omówimy rozpoczęcie działalności gospodarczej jako dodatek do swojej pracy w pełnym wymiarze godzin. Dzięki takiemu podejściu możesz stopniowo przejść do przedsiębiorczości. Biorąc pod uwagę niekończącą się niepewność na rynku pracy i potencjalne korzyści podatkowe, posiadanie dodatkowej firmy to dobra rzecz.

Będę tutaj otwarty i powiem, że nie jest to sekcja w całości poświęcona tematowi "jak założyć biznes". Jednak w kolejnych akapitach podzielę się z Tobą podstawowymi elementami, które muszą istnieć, aby zrealizować tę część Twojej strategii. Moje strategie są dla tych, którzy wierzą w autentyczną wersję przedsiębiorczości: biznes oferujący produkty lub usługi, które dają klientom prawdziwą wartość. Nie skupiamy się na zbieraniu pieniędzy i pozyskiwaniu funduszy.

Skalowalność

Jeśli Twój pomysł na biznes nie ma możliwości skalowania, pracuj nad nim, aż taka możliwość wystąpi. Oprzyj się pokusie założenia firmy, dopóki tego nie zrozumiesz. Szybki przykład dla osób niezaznajomionych z koncepcją skalowalności: Twoja firma może obsłużyć zamówienie na tysiąc jednostek z prawie taką samą łatwością, jak zamówienie na sto.

Rozpocznij w niepełnym wymiarze godzin

Rozwijanie firmy podczas pracy na etacie pozwala uniknąć stresu związanego z niepewnością ekonomiczną, która może się z tym wiązać. Jeśli znajdziesz się w wymarzonej sytuacji posiadania dochodowego biznesu na boku, możesz nadal zwiększać jego skalę, aby stał się głównym źródłem dochodu.

Rozwijanie biznesu

Umiejętności prowadzenia biznesu, jak można się spodziewać, wyrastają ze świadomej praktyki i coachingu. Uczestnictwo w zajęciach może być przydatne, ale ostatecznie będziesz potrzebować coachingu lub wskazówek kogoś, kto ma lub miał dochodowy biznes. Robiąc to poprawnie, zaoszczędzisz czas, a ostatecznie pieniądze.

Łączenie sprzedaży i marketingu

W miarę postępów w biznesie ważne jest, aby Twoje maile i strona internetowa łączyły się z ostatecznym lub końcowym celem Twoich potencjalnych klientów. Jeśli nie wiesz, jaki jest ten cel, ważne jest, abyś jak najszybciej go rozpracował. Wiedza ta jest jednym z kluczy do zwiększenia sprzedaży. Moja firma, GCMS, specjalizuje się w praktycznej edukacji o rynkach kapitałowych, ale ostatecznym celem naszych klientów jest znalezienie nowej pracy lub poszerzenie wiedzy inwestycyjnej. Dlatego wszystkie nasze materiały marketingowe koncentrują się na tych celach. Przechodzi to do klasycznej koncepcji biznesowej polegającej na oddzieleniu korzyści produktu od jego cech.

Oto fragment mojej książki *Twój Pierwszy Start-Up: (Książka 2): Kolejne Kroki*, która pomogła wielu na drodze do przedsiębiorczości.

Fragment książki *Twój Pierwszy Start-Up: (Książka 2): Kolejne Kroki*

Sposób myślenia

Ten temat jest zawsze częścią moich książek biznesowych, ponieważ jest bardziej istotny niż jakakolwiek technologia lub strategia biznesowa. Jeśli nie masz odpowiedniego nastawienia do prowadzenia skalowalnego biznesu, całe oprogramowanie na świecie będzie dla Ciebie bezużyteczne.

Nasze pytanie, które jako pierwsze przychodzi do głowy brzmi: czym jest owo "nastawienie"? Czy to tylko bardziej fałszywa motywacja, bzdury tak zwanych guru, które sprawiają, że czujesz się dobrze? Wcale nie, to po prostu posiadanie dyscypliny, aby kontynuować podróż bez względu na to, co się stanie. Wiele osób nabywa tę siłę psychiczną, aby "kontynuować swoją drogę bez względu na wszystko" ze sportu (ja tak zrobiłem). Na szczęście nie jest to jedyny sposób na rozwinięcie tego typu siły. Jednym z przykładów, z którego chętnie korzystam, są muzycy klasyczni. Każdy, kto takowego spotkał, wie, ile godzin poświęcają na doskonalenie swojego rzemiosła. Wiele osób, którym udaje się przetrwać trudne czasy w biznesie nabyli tę umiejętność z jakiegoś innego obszaru, który pomógł im rozwinąć tę cechę. Pamiętaj, że nawet najmniejsze kroki i tak popychają Cię do przodu.

Sukces

Kluczową częścią sposobu myślenia jest samodzielne określenie, czym jest dla Ciebie sukces. Unikaj pułapki kopiowania poglądów innych osób na sukces. Dla Ciebie może to być dochód uzupełniający to, co zarabiasz w swojej pracy, lub może to być całkowite zastąpienie pracy. Inna osoba może mieć cel bardziej filantropijny, na przykład dokonanie zmiany w społeczeństwie, która nie ma nic wspólnego z zyskiem finansowym. Pamiętaj, że nawet organizacja non-profit to coś co może być postrzegane za sukces. Organizacje te potrzebują i stosują wiele zasad ze świata start-upów.

Po ustaleniu, czym jest dla Ciebie sukces, należy podjąć kroki potrzebne do jego osiągnięcia. Mówiono mi o tym wiele razy i pozostaje to prawdą: "Nie wkraczamy w przyszłość ani do niej nie przyjeżdżamy. Tworzymy ją z tego co robimy dzisiaj". To, co zbierzesz w ciągu sześciu miesięcy lub sześciu lat, sprawiedliwie lub niesprawiedliwie, pochodzi głównie z tego, co teraz sadzisz. Sugeruję, abyś zadał sobie pytanie: "Co sadzę?"

KOLEJNE KROKI

Skontaktuj Się Ze Mną, Gdy Będziesz Gotowy

Mam szczerą nadzieję, że ta praktyczna książka okazała się dla Ciebie korzystna. Zdaję sobie jednak sprawę, że książki mają swoje ograniczenia i dla tych, którzy chcieliby więcej praktycznego coachingu, proszę o kontakt tutaj: www.gcmsonline.info, gdzie będę w stanie Ci odpowiedzieć.

Jeśli nie czytałeś żadnej z moich innych książek, to zapraszam Cię do ich lektury, ponieważ zawierają one cenne lekcje, które będą pomocne w Twoim rozwoju jako inwestora.

Niektóre z moich innych książek, które są najbardziej istotne z punktu widzenia inwestowania, to:

Twój Pierwszy Start-Up

Mistrzostwo w Klasach Aktywów

Kolejny Poziom Inwestycji w Kryptowaluty

O AUTORZE

Wayne **Walker** jest dyrektorem globalnej firmy zajmującej się edukacją i doradztwem w zakresie rynków kapitałowych (gcmsonline.info). Posiada wieloletnie doświadczenie w szkoleniu i kierowaniu zespołami Doradców Inwestycyjnych oraz zarządzaniu zespołami osiągającymi najlepsze wyniki w Grupie Klientów Prywatnych w oparciu o Benchmark Dochodów (BME). Wayne szkolił traderów programu Citi-FX Pro w Londynie. Opracował również szkolenie 'Trading Rights' w Saxo Bank, które doradcy inwestycyjni musieli ukończyć zanim zostali dopuszczeni do tradingu. Jest certyfikowanym traderem zgodnie z Dyrektywą Rynków Instrumentów Finansowych (MiFID) UE i posiada kwalifikacje do doradzania najbardziej wymagającym klientom.

Wayne jest często zapraszanym komentatorem rynków kapitałowych w kilku międzynarodowych programach telewizyjnych i radiowych transmitujących na żywo.

Wayne posiada wiele certyfikatów i pracował na następujących stanowiskach:

- Dyrektor-Założyciel, (GCMS) Global Capital Market Solutions, Dania

- Autor *Przewodnika Do Tradingu Opartego o Realia Rynkowe* (wykorzystywany na naszych zajęciach w Copenhagen Business School i innych uniwersytetach w UE)

- Menedżer ds. Sprzedaży i Tradingu, Ameryka Północna i Bliski Wschód, Saxo Bank, Dania

- Licencjat w Dziedzinie Nauk Ścisłych Uniwersytetu Stanu Nowy Jork, Buffalo, USA

- NASD Series 3 – Licencja na Handel i Doradztwo w Zakresie Kontraktów Terminowych na Rynku Amerykańskim

- Certyfikat ACI Dla Dealerów Rynków Finansowych – Zaliczony z Wyróżnieniem (Najwyższy Poziom), Francja

- Szkolenie w Zakresie Oprogramowania do Kwotowania Opcji Walutowych Bloomberga i UBS Banku